Wohin gehst du?

Die Deutsche Nationalbibliothek verzeichnet diese
Publikation in der Deutschen Nationalbibliografie;
detaillierte, bibliografische Daten sind im Internet
über https//dnb.de abrufbar.

Der Inhalt dieses Buches
kann ein wertvoller Beitrag
zur Entwicklung einer deutlich
menschlicheren Zukunft sein.

© Michael Johanni 2025
Verlag: BoD · Books on Demand GmbH,
Überseering 33, 22297 Hamburg, bod@bod.de
Druck: Libri Plureos GmbH, Friedensallee 273,
22763 Hamburg
ISBN: 978-3-7583-7363-3

Erstfassung 2024

Verwandle deine Hoffnung in Ziele

Motivierende Aphorismen & Kurztexte

von

Michael Johanni

2025

Prolog

Du steigst frühmorgens aus dem Bett und bist dir nicht ganz sicher, welch ein Tag dich heute erwartet. Und dann gehen dir viele Dinge durch den Kopf – manche erzeugen in dir ein mulmiges Gefühl.

Du fragst dich, ob du den Erwartungen, die von einigen Seiten an dich gestellt werden, gewachsen bist.

In der Firma wird dieser tägliche Druck nicht weniger – die Zahlen müssen stimmen, ist die regelmäßige Parole aus der Chefetage. Und obendrein wird deine Lebensqualität von den allgemeinen, verwirrenden Gesellschaftsverhältnissen zusätzlich geschmälert.

Natürlich musst du in solch einer bedrückenden Situation nicht bleiben! Du kannst diese beengende Einbahnstraße verlassen und stattdessen sinnvollere Weg gehen.

Vertraue dir selbst, vertraue deinen Stärken und denke daran, dass es auch dir sehr wohl zusteht, ein Leben in Zufriedenheit und Würde zu führen.

Dein Potential

Nehmen wir uns immer wieder
aufs Neue den Mut,
unsere persönlichen Stärken,
die jeder von uns hat, zu nutzen.

Warten wir nicht,
dass es andere tun.
Wir selbst können
Vieles bewirken.

Ziele

Setze dir Ziele – kurzfristige,
mittelfristige und langfristige.

Wer regelmäßig ohne Ziele
in den Tag hineinlebt,
wird früher oder später
verführbares Opfer
äußerer Beeinflussung.

Das Wesentliche

Welche Anliegen sollten für uns
Menschen die wichtigsten sein?

Gesundheit, Wahrheit,
Würde, Freiheit.

Mit der einfachen Wahrheit
wird es leicht, der Menschlichkeit
zu entsprechen.

… sie gehören zusammen

Freiheit und das wirkliche Be-achten unserer menschlichen Würde sind untrennbar mitei-nander verbunden – das eine kann ohne das andere nicht ge-deihen.

Du bist wertvoll

Jeder Mensch ist schon deshalb etwas Besonderes, weil er geboren wurde.

Sie steckt in jedem von uns, auch du hast sie,
***Courage** – nutze sie!*

Nahes Glück

Wir Menschen haben das natürliche Recht, uns dem Glücklichsein anzunähern.

Sich mitteilen zu können, ist zu jeder Zeit ein Stück Glück.

Nutze den Tag

*Das Leben ist
ein Aneinanderreihen
von Momenten.*

*Jeder Tag birgt
die Chance in sich,
eine neue Freundschaft
zu beginnen.*

Verbundenheit

*Ein Zeichen für die Liebe, die
wir für unsere Mitmenschen
empfinden ist auch, wenn wir
oft darüber nachdenken, ob wir
genug Zeit mit ihnen teilen und
ihnen ausreichend liebe Worte
entgegenbringen.*

Gutes - Natürlichkeit

*Wo sich Gleichgesinnte
im Interesse der Menschlichkeit
finden, wird sich viel Gutes
entwickeln.*

*Mit jeder Pflanze,
die wir auf natürliche Weise
wachsen lassen, entsprechen wir
unserer eigenen Natürlichkeit.*

Verstehen

Sich in der freien Natur bewegen,
ausgedehnte Spaziergänge mit
Menschen unternehmen, die
unsere Gedanken verstehen
wollen, ist pure Motivation.

Ein gutes Gefühl

Schaffen wir endlich eine Gesellschaft, in der wir täglich mit einem guten Gefühl am Morgen aufwachen und mit einem guten Gefühl am Abend zu Bett gehen können.

Deine Kraft

Selbst in sehr bedrückenden, dunklen Stunden steckt immer noch Kraft in dir, um deinen Blick wieder nach vorne zu richten – dein Leben zu leben.

Auch du kannst es

*Jeder einzelne von uns
kann für einen anderen Mitbürger
ein Rettungsring sein – und viele
werden zum Rettungsschiff.*

*Ohne Taten
führt jede Hoffnung ins Nichts.*

Empathie

Menschliche Nähe
kann Unheil verhindern.

Jede Krankheit erfährt Linderung,
sobald die betroffenen Menschen
Zuneigung und
Nähe erhalten.

Humor und Werte

Alle Menschen haben Humor,
auch diejenigen, die nicht
über jeden Witz lachen.

Menschlich zugewandte Werte
entscheiden über das Niveau
unserer Lebensqualität.

Ein Grundbedürfnis

So wie Pflanzen
Wasser benötigen, braucht jeder
Mensch Anerkennung.

Anerkennung
ist ein Grundbedürfnis,
das wir alle mit uns tragen.

Deine Mitmenschen

Wir Bürger sitzen
alle im selben Boot.
Im Sinne der Menschlichkeit
sollten wir in die gleiche
Richtung rudern.

Versuche objektiv zu sein.
Versetze dich in die Lage
deiner Mitbürger.

Tue den ersten Schritt

Wer glaubt, er könne sich
für soziale Angelegenheiten
seiner Mitmenschen nicht
einsetzen, hat es vielleicht
einfach noch nicht versucht.

Meist ist es nur
am Anfang schwer.
Und schließlich
erkennst du deine Stärken.

Zusammenhänge erkennen

Sehe die Verzweiflung und die Armut vieler deiner Mitbürger nicht als selbstverschuldet an. Erkenne stattdessen die wahren Zusammenhänge und setze dich für diese Bürger ein – so gut du kannst.

Beharrlich sein

Gegenwind bedeutet noch lange keinen Rückschritt, wenn wir mit unserer Lebenseinstellung weiterhin zweifelsfrei zum Wohle der Menschlichkeit denken und handeln.

Wahrheit

Die Wahrheit ist immer dort,
wo wahre Menschlichkeit
an erster Stelle steht.

Mut zur Wahrheit
kann anstecken.
Tun wir es
in jeder Situation.

Bewusstes Denken

Es ist keine Schwäche,
anderen Menschen regelmäßig
helfen zu wollen – es ist
eine natürliche Stärke.

Lass dich nicht dazu verleiten,
dich an den Zustand oder den
Anblick von Armut zu gewöhnen!

Lebensqualität

Jeder Mensch hat das natürliche Recht auf ein würdebeachtendes Dasein, in allen Bereichen, auf eine möglichst naturbelassene Umwelt und gesunde Nahrungsmittel.

Sei ein Autodidakt

Unsere Gesellschaft braucht dringend ehrliche, freidenkende Menschen.

Lebenserfahrung und eine bewusste Denkweise ermöglichen die Grundlage zu vielseitigem Wissen.

Unser natürlicher Wert

*Das Grundwesen
von uns Menschen
ist natürlicher Art,
nicht materieller.*

*Der Wert des Menschen
darf nicht vom Alter
abhängig sein.*

An andere denken

Es ist ein natürlicher Wunsch, ein möglichst sorgenfreies Leben führen zu können.

Dies sollten wir aber auch allen anderen Menschen zugestehen und ermöglichen.

Das Miteinander fördern

Wo du dich auch aufhältst,
blicke deinen Mitmenschen in
die Augen und signalisiere
ihnen, dass du sie ernst nimmst.

Eine große Stärke
zeigt sich dort, wo wir zuerst
auf das Wohl unserer
Mitmenschen achten.

Ein wenig größer denken

„Erst die Arbeit, dann das Spiel",
dies ist eine alte, sehr konservative
Forderung.
Wir brauchen mehr Zeit für unsere
Familien, für zwischenmenschliche
Kontakte, für Muße und für das Er-
lernen von wirklich sinnvollem Wis-
sen.

Kein Mensch ist „faul",
aber vielen fehlt
freundschaftliche Motivation.

Wir sind nicht perfekt

Fehler machen wir alle,
es gilt aber, sie mehr und mehr
zu verringern.

Es ist allgemein bekannt,
dass keiner von uns
perfekt sein kann.
Diese Erkenntnis
sollten wir während des
täglichen Lebens nicht vergessen.

Dein Job?

Wenn dir deine Arbeit in der Firma keine Freude macht, suche zuerst nach dem Warum.

Hast du die Ursache erkannt, treffe im Sinne deiner Lebensqualität eine überlegte Entscheidung innerhalb von 14 Tagen.

Mit beiden Füßen
auf dem Boden stehen

Die sinnvollsten Veränderungen
für uns Menschen sind immer jene,
welche sich auf der Basis
eines natürlichen, gesunden
Gedankengutes entwickeln.

Das Gute anstreben

Die Natur hat uns Menschen mit besonderen, starken Eigenschaften ausgestattet.
Und deshalb wird sich das Gute auf dieser Erde früher oder später zum Wohle unserer Spezies durchsetzen.

Würde und Freiheit

Wir alle kommen in diese Welt,

um in Würde zu leben, nicht,

um nur zu überleben.

Du erschaffst jedes Mal ein Stück

Freiheit mehr, sobald du dich für

Gerechtigkeit einsetzt.

… auch du hast es in dir

Jeder Mensch trägt die Fähigkeit
in sich, andere zu motivieren.

Stärke deinen Idealismus
und setze ihn stets
für etwas Sinnvolles ein.

Kreativität

Es entspricht ganz unserer menschlichen Natur, regelmäßig danach zu streben, das Leben mit möglichst sinnvoller Kreativität zu bereichern.

Nutzen wir diese wunderbare Eigenschaft auch für unsere Mitmenschen.

Mit etwas Disziplin

Sobald wir uns weder über-
schätzen noch unterschätzen,
bleibt genug Platz für Mensch-
lichkeit und Authentizität.

Eitelkeit ist ein Teil von uns,
wir sollten sie ausschließlich
für Sinnvolles nutzen.

Deine liebenswürdige Natur

Du bist schätzenswert und voller wunderbarer Eigenschaften. Erkunde deine Stärken, alle, und gehe den Weg der Menschlichkeit. Du wirst nach und nach verstehen, dass dich die Natur mit einer liebenswürdigen, intakten Persönlichkeit ausgestattet hat.

Unterscheiden

Erstrebenswert ist die Charakter-
bildung, mit der wir unterschei-
den können, wann Schweigen und
wann Reden notwendig ist.

Erkenne dort das Unrecht,
wo es wirklich stattfindet,
und versuche nicht dort eines
zu sehen, wo keines ist.

Niveauvolle Sprache

Sobald wir eine Meinung aussprechen, sollte sie Sinnvolles zum Ausdruck bringen.

Wir brauchen eine Sprache von Würde und Freiheit, nicht von bürgerfernen Begriffen, die uns voneinander tren / nen.

Eigeninitiative

*Jedem Menschen muss das
natürliche Recht zustehen,
selbstständig zu denken.*

*Wenn du Vieles hinterfragst,
kannst du hin und wieder
Ärger bekommen.
Letztlich aber bist du es,
der anschließend klüger ist.*

Wahrhaftig leben

Wenn du intensiv leben willst,
das pulsieren eines wahrhaftigen
Lebens spüren willst,
solltest du dich von allen
Illusionen befreien.

Denke immer daran,
du bist ein wertvoller Mensch.
Und niemand hat das Recht,
dir dein Leben schwer zu machen.
Dies gilt für alle Bereiche.

Menschlichkeit

Wir alle haben das natürliche Recht auf eine Weltgemeinschaft, in der die Menschlichkeit an erster Stelle steht.

Niemand sollte dieses sinnvolle, ethisch wichtige Bedürfnis klein reden.

Und niemand darf die Befugnis haben, dies auf die eine oder andere Weise zu unterbinden!

Mut und Objektivität

*Mit Mut zur Wahrheit
verringern wir schrittweise
Sorgen und Leid.
Lassen wir dieses
anstrebenswerte Ziel zur
Erfolgsgeschichte werden.*

*Jeder Mensch sollte sich darum
bemühen, ein möglichst objektives
Rechtsempfinden zu entwickeln.*

Vorurteile

Festgeschnürte Vorurteile wirken wie verschlossene Türen, die keinen Zugang erlauben.

Wir müssen diese Türen aufschließen, damit die Menschlichkeit einen Weg finden kann.

Der übergeordnete Weg

Für jeden Menschen sollte es nur einen bestimmten, übergeordneten Weg geben, und zwar den Weg der Menschlichkeit zur Verwirklichung eines menschlichen Daseins.

Und auf dieser natürlichen Basis lässt sich dann ein friedlicher, würdevoller Lebensabend gestalten.

Gemeinschaft

Wir befinden uns im richtigen
Umfeld, sobald es Freude bereitet,
mit anderen Menschen über nahezu
alles reden zu können.

Die besten Ideen
entstehen in dir, wenn du dich
in einer Gemeinschaft wirklich wohl
fühlst.

Vertrauen zu dir selbst

*Finde die wahre Ursache
eines Problems, und du hast
den ersten, wichtigen Schritt
zu seiner Lösung getan.*

*Nur das,
was wir wirklich anstreben,
ist erreichbar.*

Ein Weg

Lass das Kind in dir aufleben,
blicke bewusster auf deine Mit-
menschen und die Umwelt.
Vor allem sei optimistisch und
glaube fest an die natürliche
Kraft der Wahrheit.

Du und dein Ich

Verstecke dich nicht länger,
entfalte dich stattdessen.

Dein Selbstbewusstsein
kann dir ein sehr guter Freund sein,
du brauchst es nur anzunehmen.

Deine Reife

Ein Zeichen für persönliche Reife findet sich auch dort, wo der Mensch ohne Zögern und Reue zugeben kann, dass er sich an der einen oder anderen Stelle geirrt hat.

Miteinander

Wir verringern Kummer und Leid,
sobald wir unsere Mitmenschen
weder als Konkurrenten
noch als Feinde sehen.

Ein wichtiges Bestreben
während unseres Lebens
sollte sein, wahrhaftige
Freundschaften zu bilden.

Anerkennung

Der Schatz der Anerkennung
ist überall zugegen,
wir sollten ihn verschwenden.

Die beste Motivation für jeden
Menschen ist ehrliche
Anerkennung in allen
Lebensbereichen.

Über den Tellerrand

Es besteht nur dort
Chancengleichheit, wo die
Voraussetzungen die gleichen sind.

Die Erde ist schön.
Sorgen wir stets dafür,
dass sich alle Menschen
an dieser Schönheit
erfreuen können.

Frieden und Harmonie

Eine Welt in Frieden und
Harmonie ist möglich,
es muss nur wirklich gewollt
und in die Tat umgesetzt werden.

Wenn du in deinem Inneren
die Sehnsucht nach Frieden und
Harmonie verspürst, dann teile
diese Sehnsucht mit deinen
Mitmenschen.

Freiheit

Freiheit erwächst aus Gerechtigkeit.

Gerechtigkeit entsteht auf der Basis von Wahrheit.

Wahrheit findest du, wo Menschlichkeit an erster Stelle steht, und dort offenbart sich Freiheit.

Deine Stärken

Sobald du dich stetig auf deine Stärken konzentrierst, werden kleine Schwächen zur Fußnote – und nach einer Weile spielen sie gar keine Rolle mehr.

Gewohnheit

Nicht alles, was zur Gewohnheit
wurde, ist menschlich sinnvoll.

Die Gewohnheit kann
ein guter Wegbegleiter sein.
Sie kann uns allerdings
gegenüber perfiden Vorgängen
auch blind machen.

Intelligent?

*Wirklich intelligente Menschen fügen
ihren Mitbürgern keinerlei
Schaden zu. Sie unterstützen und
fördern auf ehrliche Weise.*

*Elitedenken und menschliches
Miteinander widersprechen sich.*

Entscheide dich

Es sitzt nur derjenige
zwischen zwei Stühlen,
der Wahrheit und Unwahrheit
nicht unterscheidet, oder nicht
unterscheiden will.

Sich entscheiden
ist für uns Menschen wichtig.
Ohne Entscheidungen stecken wir
im Niemandsland fest.

Freundschaften

Freundschaften gewinnnen wir nicht, indem wir unser Gegenüber immer wieder prüfen.

Wir gewinnen sie, weil wir wissen, dass es ein ausgewogenes Geben und Nehmen wie auch Vertrauen und Nachsicht braucht, damit es zu guten Freundschaften kommen kann.

Das Zweifeln

Jeder Mensch hat das natürliche Recht, gegenüber Aussagen und Vorgängen seine Zweifel zu äußern.

Das Zweifeln und Hinterfragen, im Sinne der Wahrheit, gehört zu unseren natürlichen Eigenschaften und gilt als unverkennbares Zeichen eines freien Menschen.

Dein Selbstwert

Sei nicht das trabende Pferd,
das sich vor jede Kutsche
spannen lässt.

Unser aller Ziel muss nicht
eine perfekte, sondern eine
deutlich menschlichere Welt sein.

Sei aufrichtig!

Die Welt braucht dringend bürgernahe, aufrichtige Führungspersönlichkeiten! Menschlichkeit darf nicht länger nur eine untergeordnete Rolle spielen – sie muss die feste Grundbasis jeder Gesellschaft sein.

Stark sein

Von Geburt an trägt jeder Mensch Frieden und Harmonie in sich.

Oftmals sind es nur kleine Weggabelungen, die in eine andere Richtung führen.

Wir müssen den Versuchungen widerstehen, die unsere wunderbare Natürlichkeit beschädigen.

Mensch sein

Du wurdest als Mensch geboren.
Deshalb – lebe menschlich,
denke menschlich, entscheide
menschlich – denn dies ist
unser aller Weg.

Weitere Erkenntnisse

Wohin hat das ständige Konkurrenzdenken zwischen den Menschen geführt?

Die Menschen leben aneinander vorbei und hoffen auf Wunder oder eine Beförderung. Währenddessen verrinnt kostbare Lebenszeit, und obendrein nimmt die Unzufriedenheit zu.

Das Konkurrenzdenken ist nichts weiter als eine zermürbende „Falle" – dies gilt für alle Lebensbereiche.
Motivation und Kreativität sollten sich vor allem durch ein ehrliches, aufgeschlossenes Miteinander entwickeln.

Unser Denken

Wir Menschen denken ständig, und natürlich ist dabei entscheidend, was wir denken.

Wenn wir uns einfach treiben lassen, die Gedanken ungeordnet vor sich hin schweben lassen, kommen wir damit beispielsweise einem Vogel gleich, der immer wieder von Ast zu Ast fliegt, weil er sich nicht entscheiden kann, auf welchem Ast er sein Nest bauen möchte.

Für uns Menschen ist es wichtig, dass wir das wunderbare Geschenk – denken zu können – nicht leichtsinnig verschwenden.
Unsere Lebenszeit ist zu kurz, um regelmäßig darauf zu warten, dass andere für uns denken.

Die täglichen Vorgänge bewusst wahrneh-
men und darüber nachdenken, Missstände
als solche realisieren uns sie gedanklich
analysieren, den Sinn im Miteinander er-
kennen, Gesetze und alte Gewohnheiten
hinterfragen und sich gedanklich mit ihnen
auseinandersetzen.

Alles das ist für unsere Lebensqualität von
besonderer Wichtigkeit.

Herzlichen Dank!

Danke sagen oder schreiben zu können ist ein Geschenk.

Ich sage herzlichen Dank!

Insbesondere danke ich meiner Partnerin Christine, die mich nicht nur allgemein sehr unterstützt, sie ist auch meine verlässliche Lektorin.
Ich bedanke mich bei Anna Werth, die mir ebenfalls regelmäßig zur Seite steht.
Zudem danke ich allen Mitbürgern, die mir im Laufe der Jahre hier und dort bei Gesprächen ihr Vertrauen schenkten.

Dankbar sein zu können bedeutet für mich, einen ehrlichen Teil von dem zurückzugeben, was ich erhielt – und dies wiederum gibt mir in meinem Inneren ein Stück Frieden.

Michael Johanni
2024/2025

Ein wenig über mich

Wenn deine innere Stimme immer wieder auf die Suche geht – nach menschlichem Verständnis, Wahrheit und echter Gemeinschaft, hast du bereits einen wichtigen Teil deines Weges gefunden.

Es ist diese substanzielle Quelle, aus der ich meine persönliche Kraft schöpfe.

Und damit kann ich meine wohlüberlegten Aktivitäten stets aufs Neue in die Praxis umsetzen.

Als ausgeprägter Autodidakt nutze ich genau diese Fähigkeiten, um die gesellschaftspolitischen Zusammenhänge bestmöglich zu erfassen, zu analysieren und niederzuschreiben. Dabei ist es mir selbstverständlich wichtig, sinnvolle, bestärkende Botschaften für meine Mitmenschen zu veröffentlichen.

2001 begann ich mit dem Schreiben meines Erstlingswerkes – während dieser Zeit wuchs in mir der Entschluss heran, einen Verein für Menschenrechte zu gründen. Dieser nennt sich ... *mensch bleib Mensch!* e.V.

1991 absolvierte ich in der Hotelfachschule Bad Reichenhall die Prüfung zum
Restaurant-Meister. Vorangegangen war
die Ausbildung zum Restaurantfachmann
in Bad Kissingen sowie berufliche Statio-
nen in Bern, Rottach Egern und Würz-
burg. Nach der Hotelfachschule kam es zu
Führungstätigkeiten in Braunlage, Darm-
stadt und Mannheim.
Übereinstimmungen mit meiner Lebens-
philosophie finde ich bei Albert Schweitzer,
Mahatma (Mohandas) Gandhi, Martin
Luther King jr., Nelson Mandela und Jean-
Jacques Rousseau.

Liebe Leser,

wenn du mir zu meinen Bü-
chern oder ähnlichen The-
men etwas schreiben möch-
test, kannst du dies bitte
unter folgenden Adressen tun:

mail@michael-johanni.de
www.buecher-charakter.de
info@mensch-bleib-mensch.de
www.michael-johanni.de

Meine weiteren Werke

Ein Meer aus bewegten Gedanken für eine Welt in Frieden

Erlesenes Nachschlagewerk mit 400 bedeutsamen Aphorismen & Kurztexen, verfasst 2005-2024
Hardcover

180 Seiten, Buchformat 21 x 21 cm
ISBN: 978-3-7597-0241-8 / Erschienen 2024
34,00 Euro / e-book 9,49 Euro

> Das neue Buch „Initiative Senden und Empfangen"
> ist gerade in Bearbeitung.

Das Zerbrechen unserer Kultur

Das Niveau einer Gesellschaft zeigt sich im Umgang mit der Menschlichkeit.

160 Seiten, Buchformat 12 x 19 cm
ISBN: 978-3-8192-1161-4 / Erschienen 2025
11,90 Euro / e-book 2,99 Euro

Das Gute wird sich durchsetzen

Unser menschliches Potential
Hindernisse und Chancen

152 Seiten, Buchformat 12 x 19 cm
ISBN: 978-3-7578-2487-7 / Erschienen 2024
10,90 Euro / e-book 2,99 Euro

Weitere auf den nächsten Seiten bitte

Raus aus der Apathie
Welcher Wert liegt im Leiden?

280 Seiten, Buchformat DIN A5
ISBN: 978-3-7543-9739-8 / Erschienen 2021, 2025
12,90 Euro / e-book 3,99 Euro

Zukunft braucht Courage
Abwarten bringt uns nicht weiter!

224 Seiten, Buchformat DIN A5
ISBN: 978-3-7568-8786-6 / Erschienen 2020, 2022
12,90 Euro / e-book 3,99

Lila Bäume
Sobald wir genauer hinsehen ...

152 Seiten, Buchformat 12 x 19 cm
ISBN: 978-3-7557-4150-3 / Erschienen 2021, 2024
10,90 Euro / e-book 2,99 Euro

... damit das Morgen eine Aussicht hat
Zwei Eingänge

60 Seiten, Buchformat 12 x 19 cm
ISBN: 978-3-7557-7986-5 / Erschienen 2021, 2024
6,90 Euro / e-book 1,99 Euro

Weitere auf den nächsten Seiten bitte

Ich glaube, die Blätter sprechen miteinander

Meine Gedanken

60 Seiten, Buchformat 12 x 19 cm
Kurztexte, bebildert
ISBN: 978-3-7578-0325-4 / Erschienen 2024
6,90 Euro / e-book 1,99 Euro

Das kleine Grundbedürfnisbuch

Ein begehbarer Weg

44 Seiten, Buchformat 12 x 19 cm
Kurztexte
ISBN: 978-3-7543-7910-3 / Erschienen 2024
5,90 Euro / e-book 1,99 Euro

The little basic needs book

Inhalt in Englisch

44 Seiten, Buchformat 12 x 19 cm
Kurztexte
ISBN: 978-3-7693-2172-2 / Erschienen 2024
5,90 Euro / e-book 1,99 Euro

… verschüttet, aber nicht verloren

Du hast mindestens 12 Grundbedürfnisse

80 Seiten, Buchformat 17 x 17 cm
Kurztexte, bebildert (Überarbeitung geplant)
ISBN: 978-3-7557-1509-2 / Erschienen 2021
12,90 Euro / e-book 3,99 Euro

Sei auf der richtigen Seite

Während unseres Lebens ist es stets wichtig, auf der richtigen Seite zu sein – und diese findest du dort, wo Menschlichkeit an erster Stelle steht.